invertir para principiantes

principiantes

Pasos hacia la libertad financiera

Por: Giovanni Rigters

D1602864

Índice

Introducción

Se te han dado dos opciones, puedes trabajar como portero en tu tienda de comestibles local a los cincuenta, sesenta e incluso setenta años o puedes beber un poco de piña colada mientras te relajas en la playa con tu pareja, disfrutando de la brisa y los sonidos tranquilizantes del océano.

Es una elección fácil de hacer, por supuesto la mayoría de la gente elegiría la segunda opción, pero mucha gente hoy en día no tiene la posibilidad de escoger. Están atrapados trabajando en sus años dorados pagando deudas, facturas médicas y todavía ayudando financieramente a sus hijos o nietos.

No dejes que este seas tú, todavía tienes una opción.

Por supuesto, la vida no es blanco o negro, pero más gente de la que crees tendrá que enfrentarse a esta realidad. La vida se está volviendo cada vez más difícil muy rápida y no se ve ningún cambio positivo en el horizonte.

Los préstamos estudiantiles nos están retrasando, el alquiler está aumentando (a veces más rápido que la inflación), las casas se están volviendo más caras y los costos médicos siguen subiendo.

En el día a día tenemos suficiente para preocuparnos; además, también tenemos que planear nuestra jubilación, porque nadie más lo hará. No es como los viejos tiempos en los que trabajabas 30 años o más para una compañía y terminabas retirándote con una pensión grande, que te ayudará a disfrutar tus últimos años de vida.

Hoy en día, las pensiones se están recortando o incluso eliminando y la planificación de la jubilación se está empujando al individuo. También es muy probable que trabaje en varias empresas a lo largo de su carrera profesional.

El hecho de que estés leyendo este libro es un testimonio de su autodisciplina al tomar tu futuro financiero en tus manos, para que puedas alcanzar la felicidad de la jubilación aprendiendo los fundamentos de la inversión. Date una palmadita en la espalda y empecemos.

Capítulo Uno: Asegurando su futuro

El concepto de inversión es simple.
Estás guardando dinero ahora para
recibir una ganancia en el futuro a
través de la acumulación de riqueza. Tu
dinero tiene el potencial de valer más en
el futuro. Básicamente estás retrasando
la gratificación inmediata (dinero que
gastarías hoy) para poder disfrutar de
tus futuros beneficios potenciales.

Ahora, dije potencialmente porque
siempre existe el riesgo de que puedas
perder todo o una gran parte de tu
dinero.

Figura 1.1 Desempeño del S&P 500 - Fuente
Finviz.com

Puede que hayas oído hablar del S&P
500 en las noticias, en Internet o a
través de amigos y familiares. El S&P
500 representa a las 500 compañías
más grandes de los Estados Unidos. Se

utiliza como un indicador de cómo está funcionando el mercado de valores de los EE.UU. Lo que estás viendo en la imagen de arriba es el rendimiento resumido de todas las 500 compañías por mes durante más de una década.

Ahora, algunas cosas peculiares han sucedido en ese lapso. En el año 2000 tuvimos la burbuja de las puntocom, que vio caer el mercado desde el año 2000 (en su apogeo) hasta principios de 2003.

A los inversores les gusta ver crecer su dinero, así que cualquier tendencia a la baja, como la que vimos a partir de 2000, hará que la gente entre en pánico y venda sus inversiones con pérdidas.

Luego fue la Gran Recesión de 2008-2009, el mercado se desplomó de nuevo y muchos inversionistas perdieron mucho dinero en sus inversiones.

Ahora mira el número tres del gráfico, aquí es donde estamos ahora, el mercado no ha subido o bajado, sino que ha estado de lado durante un tiempo considerable. Si miran al 2015 pueden ver que el mercado estuvo básicamente plano todo el año. Esta tampoco es una situación ideal, porque un mercado plano puede significar ganancias mínimas e incluso algunas pérdidas.

Si observamos únicamente el rendimiento del mercado de valores, en su apogeo en el año 2000, el mercado tardó hasta 2013 en volver a donde estaba y seguir creciendo más allá de ese punto. Este es un lapso de tiempo de 13 años.

Cuando tienes tu dinero, o también llamado capital, invertido en el mercado de valores, tienes el potencial de ganar valor, lo que se denomina una ganancia de **capital no realizada**, pero también puede perder valor, lo que también se denomina una **pérdida de capital no realizada**. Mientras tu dinero esté en el mercado puede permanecer fijo, ganar o perder valor.

No realizado sólo significa que no es tangible todavía, este capital no realizado tuyo que se invierte en el mercado se vuelve realizado o tangible cuando se venden sus inversiones.

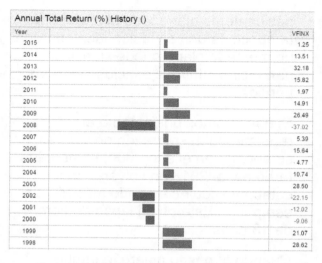

Figura 1.2 Rendimiento del VFINX - Fuente
Finance.yahoo.com

Veamos esto desde un ángulo
diferente. Tomé un fondo popular que
rastrea el S&P 500 y puedes ver el
rendimiento año tras año. Con la
burbuja de las puntocom que estalló en
el 2000, el mercado perdió el 43,23%
(de 2000 a 2003) de su valor.

Para poner esto en perspectiva, la
caída de la Gran Recesión hizo que el
mercado disminuyera un 37,02%.

Ahora, no te estoy mostrando esto para
disuadirte de invertir en el mercado de
valores, pero quiero que seas

consciente de lo que puede pasar con tus ahorros cuando tu dinero está en el mercado. Nunca asuma que el mercado sólo puede subir.

Rendimientos del 8, 10 o incluso 12%

Esto nos lleva al siguiente tema de los rendimientos de las inversiones del que oirán hablar. Si vas al banco, a las empresas de inversión o hablas con un asesor financiero, a menudo oirás hablar de inversiones con un rendimiento anual del 8-12%.

La idea es que si invirtieras, digamos 1000 dólares en el primer año y si tuvieras un 10% de retorno de la inversión, terminarías el primer año con 1100 dólares (10% de 1000). En el año 2, su inversión en realidad crece a $1210 en lugar de $1200, porque el 10% de interés se aplica a su nuevo saldo de $1100 (no a $1000). Esto también se llama interés compuesto, porque empezarás a ganar dinero con tu interés.

Basta con mirar la tabla y el gráfico de abajo, que muestra el crecimiento de una inversión de 1.000 dólares a lo largo de 10 años a una tasa de interés anual del 10%.

Cuadro 0.1.1 Crecimiento de 1.000 dólares

Year	Investment	Annual Interest	Interest in $
1	$1,000.00	10%	$100.00
2	$1,100.00	10%	$110.00
3	$1,210.00	10%	$121.00
4	$1,331.00	10%	$133.10
5	$1,464.10	10%	$146.41
6	$1,610.51	10%	$161.05
7	$1,771.56	10%	$177.16
8	$1,948.72	10%	$194.87
9	$2,143.59	10%	$214.36
10	$2,357.95	10%	$235.79

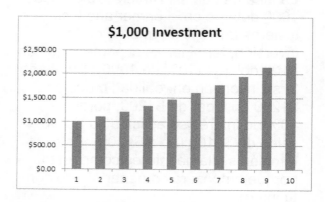

Figura 1.3 Crecimiento gráfico de 1.000 dólares

El gráfico muestra una bonita representación de cómo su dinero crece año tras año, debido al **interés**

12

compuesto. Una inversión inicial de sólo 1000 dólares no es nada para presumir y no podrá sostenerte en tu jubilación, por lo que tienes que invertir más dinero de manera frecuente y por un período de tiempo más largo.

La ilusión del 8, 10 e incluso 12% de interés

El interés compuesto que permite que tu dinero crezca rápido es genial. El problema es con las tasas de interés promedio de las que oirás hablar. Recuerda siempre que la tasa de interés que oirás está basada en el rendimiento de las compañías subyacentes en las que se invierte el capital. El rendimiento pasado no es un indicador seguro del rendimiento futuro.

Escucharán o leerán acerca de cómo el mercado ha funcionado **históricamente**. Incluso escucharán esto de los llamados gurús financieros, "el mercado ha crecido un promedio del 10% desde su creación".

También puedes manipular la tasa de interés eligiendo períodos de tiempo en los que el mercado funcionaba bien. Por ejemplo, desde 2009 y hasta principios de 2015 el mercado no sólo se recuperó, sino que ha tenido un gran rendimiento.

Así pues, muchos gestores de fondos utilizarán un ejemplo como el de por qué se debe invertir en el mercado; lo que ignoran a sabiendas para decirle es que cuando el mercado estaba funcionando horriblemente, les gusta centrarse en lo bueno y no en lo malo.

Recuerde que el interés promedio del 8-12% de su inversión no significa nada cuando está a punto de jubilarse y la porción de sus inversiones que está en acciones, pierde valor en más del 30%.

Por ejemplo, trabajaste toda tu vida invirtiendo tu dinero diligentemente y haz acumulado una cartera de inversiones de 1 millón de dólares y todavía tienes alrededor del 30% en acciones (300.000 dólares). La gran recesión de 2009 golpeó y sus activos en acciones (su porción de inversión en acciones) perdieron alrededor de 37% en valor.

Son 111.000 dólares que acabas de perder (37% de 300.000) y ahora tu cartera de 1 millón de dólares sólo vale

889.000 dólares (sin contar otras inversiones, como bonos y fondos mutuos, que podrían haberte hecho perder dinero).

Ahora bien, este ejemplo no se aplica a todos los que invierten en el mercado de valores, porque depende de la clase de activos (que discutiremos) en la que se ha invertido el dinero y de su asignación. Pero te muestra lo rápido que las cosas pueden ponerse feas.

La gente que espera que sus inversiones o ahorros crezcan indefinidamente de repente será sorprendida cuando ocurra una caída o corrección del mercado.

El interés se explica

Una última cosa, ¿de dónde viene el interés que tienes en tu inversión? Viene de ganancias de capital, dividendos y ganancias de capital no realizadas.

Si la economía va bien, la gente es optimista sobre el futuro, ganando dinero y gastando abundantemente. El dinero que tienen que gastar también se reflejará en el mercado de valores, porque la gente tendrá más dinero para reservar para sus cuentas de jubilación.

Ganancias de capital

Siempre que vendes tu inversión para obtener un beneficio se llama ganancia de capital. Si invertiste 100.000 dólares y vendiste tu inversión por 120.000 dólares un año después, tu ganancia de capital, o beneficio, fue de 20.000 dólares (120.000- 100.000 dólares).

Lo contrario se llama pérdida de capital. Si invertiste esos 100.000 dólares, pero los vendiste un año después por 75.000 dólares, has perdido 25.000 dólares. Lo que también se llama pérdida de capital.

Ganancias de capital no realizadas

Con una ganancia de capital no realizada, las ganancias que has obtenido en tus inversiones siguen invirtiéndose en el mercado, por lo que tienen la probabilidad de subir o bajar de valor.

Por ejemplo, si tienes 10.000 dólares invertidos en el mercado, al día siguiente podría subir a 10.050 dólares o podría bajar a 9.800 dólares. Mientras tu dinero siga invertido en el mercado de valores, tiene el potencial de subir, bajar o mantenerse estable.

Dividendos

Hay numerosas empresas que pagan dividendos; es una parte de los beneficios de las empresas que se paga a los accionistas. Normalmente, las grandes compañías estables pagan dividendos, también llamadas compañías de primera clase.

Las empresas que experimentan un rápido crecimiento, como las empresas tecnológicas de nueva creación, a menudo no pagan dividendos, porque ese es el dinero que se vuelve a poner en la empresa que se utiliza para el crecimiento de esta.

Si alguna vez recibes una declaración de tu empresa de inversiones sobre el rendimiento de tus inversiones, lo más probable es que veas tu saldo inicial, tu saldo final y tu tasa de interés. Ahora tienes una mejor idea de dónde viene ese interés.

Veamos un ejemplo. La compañía Apple (**AAPL**) vende productos que los consumidores aman y usan todos los días. Si la gente valora mucho los productos de Apple y la compañía sigue aumentando sus ganancias trimestrales, debería reflejarse positivamente en las acciones de Apple. El valor de la empresa aumentará en el mercado de valores y la gente está dispuesta a pagar un precio más alto por las acciones.

Decides comprar 10 acciones de Apple a 100 dólares cada una, por lo que tu inversión en Apple vale 1.000 dólares. En el transcurso de un año las acciones ganaron un 8% de valor, por lo que ahora el precio de las acciones es de 108 dólares. Como tienes 10 acciones, tu inversión vale $1,080. Por lo tanto, tu **ganancia de capital no realizada** es del 8% o $80.

Mientras esté en el mercado, tu inversión podría potencialmente ganar o perder valor. El siguiente par de días tu inversión en Apple aumenta a 1.100 dólares y decides vender. Ahora tu ganancia **de capital realizada**, o beneficio, es del 10% o 100 dólares.

Apple decidió pagar un dividendo trimestral de 50 centavos por acción, lo cual es un total de 2 dólares por año y como tienes 10 acciones, recibiste 20 dólares de ingresos por dividendos. Estos 20 dólares más tu ganancia de capital de 100 dólares es tu **interés real**. Por lo tanto, su interés total es del 12% en lugar de sólo el 10% ($120/$1,000).

Así que, para que sea breve y sencillo, recuerda que el interés compuesto consiste en ganancias de capital no realizadas, ganancias de capital realizadas y dividendos.

Capítulo dos: Sus opciones de inversión

Tienes la opción de invertir tu dinero en diferentes clases de activos. Los principales son acciones, efectivo, renta fija y otros.

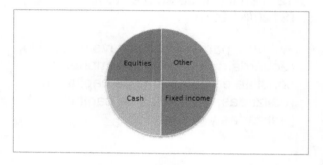

Figura 2.1 clase de activos

Acciones: Son un pedazo de una compañía que puedes poseer. Muchas grandes empresas conocidas tienen acciones o participaciones en circulación por miles de millones, lo que significa que miles de millones de acciones son propiedad de inversores en el mercado que pueden ser negociadas.

Puedes mirar a una compañía como un gran pastel. Córtalo en diez pedazos, toma un pedazo y estarás en posesión de una décima parte del pastel (compañía). Para muchas compañías su pastel se corta en mil millones de pedazos.

Las empresas se pueden clasificar por industria, pero también por su tamaño. Las nueve categorías de industria a las que una empresa puede pertenecer son:

- Los productos básicos de consumo
- Energía
- Atención médica
- Finanzas
- Utilidades
- Servicios de telecomunicaciones
- Materiales
- Bienes Industriales
- Tecnología de la información

El tamaño de una empresa se mide por su capitalización bursátil, también conocida como capitalización **bursátil**, que es el valor total de la empresa en el mercado de valores. Se puede calcular la capitalización de mercado de una empresa tomando el número de acciones en circulación por el precio de una acción. Por ejemplo, Microsoft

(**MSFT**) tiene 7.910 millones de acciones en circulación y el precio de una acción es de 54,65 dólares en este momento. Esto pone la capitalización del mercado de MSFT en 432.280 millones de dólares.

Las tres categorías más utilizadas para el tamaño son: pequeña, mediana y grande, pero también tienes compañías de micro, nano y macro.

Una compañía de pequeña capitalización es aquella que vale menos de 2.000 millones de dólares y una de gran capitalización vale más de 10.000 millones de dólares. Cualquier cosa entre esas dos se considera una compañía de mediana capitalización. Por lo tanto, una compañía como Twitter (**TWTR**), que tiene una capitalización de mercado de 12.720 millones de dólares, entra en la categoría de gran capitalización.

Renta fija: consiste en bonos y rentas vitalicias. Una empresa o gobierno que necesite dinero puede emitir un bono, que es como un pagaré.

Por ejemplo, el gobierno podría necesitar algo de dinero para los servicios públicos, para restaurar las carreteras, el mantenimiento de los edificios gubernamentales, etc. El gobierno decide que necesita pedir prestado un millón de dólares. Lo pide prestado a los inversores con la promesa de devolverles su principio (inversión inicial) después de una cierta cantidad de años. Ahora, con el fin de utilizar el dinero de los inversores, deciden pagar un 6% de interés anual y en el año 5 devolver al inversor su principio original.

Decides comprar un par de estos bonos por 2.000 dólares. Otros inversores también compran este bono y juntos su dinero se junta para que el gobierno obtenga el millón de dólares que necesita para pedir prestado. Debido a que los bonos pagan un interés confiable y el gobierno casi nunca incumple o falla en su acuerdo, los bonos son vistos como inversiones más confiables y estables.

Efectivo: los activos en efectivo son los certificados de depósito (CD), las cuentas del mercado monetario, las cuentas de ahorro y las cuentas corrientes. Cualquier cosa que sea líquida, lo que significa que puedes tener acceso a ella bastante rápido. La desventaja del efectivo como activo es que tiene el potencial de perder valor, debido a la inflación.

Otro: Otros activos que puede poseer son materias primas, bienes raíces, Forex, pinturas, fondos de cobertura y regalías, por nombrar algunos.

Siempre que se habla de un colapso o declive económico, la gente se pone nerviosa y empieza a hablar de comprar oro, porque el dólar perderá su valor. El oro y la plata son conocidos como productos básicos.

Otros productos con los que se puede entrar en contacto en el mercado son los cereales, la energía, los blandos, la carne y el trigo. Se puede acceder a los productos básicos en la bolsa de productos.

El mercado FOREX (de divisas) no recibe tanta atención como los demás mercados, pero sigue siendo muy importante. Este es el arte de comprar y vender divisas para obtener un beneficio. A diferencia del mercado de valores, el mercado de divisas está abierto las 24 horas del día, 7 días a la semana, permitiéndole comprar y vender sin estar restringido por el horario del mercado de valores.

Fondos mutuos: un fondo mutuo es como un grupo diverso de acciones y/o renta fija, dinero en efectivo y otros activos que son administrados bajo el mismo paraguas por los administradores de los fondos. Por ejemplo, se puede tener un fondo mutuo que sólo contenga acciones de alto crecimiento, como acciones tecnológicas mezcladas con empresas de pequeña capitalización y activos de renta fija, uno que esté más equilibrado tanto con acciones nacionales como con acciones extranjeras, o uno que sólo se centre en los productos básicos, y la lista continúa. Un fondo mutuo puede estar compuesto por todas las clases de activos.

Las opciones disponibles para los inversores en la elección de los fondos de inversión son infinitas. El gestor del fondo, que lo administra, intenta hacer crecer el fondo de inversión comprando y vendiendo las acciones adecuadas en beneficio de los inversores que han invertido en este fondo de inversión.

Uno de los beneficios de comprar un fondo de inversión es que se tiene una exposición inmediata a una variedad de acciones, bonos y más activos, lo que le da una diversificación inmediata.

Con un fondo de inversión, su dinero, así como el de otros inversores, se pone en común y luego se invierte. Así que no tienes que hacer el trabajo de analizar y comprar las acciones. El administrador del fondo es el que hace todo el trabajo. La otra cara de la moneda es que tu pagarás honorarios más altos para invertir en un fondo de inversión.

No sólo pagas honorarios de gestión, sino que también pagas gastos, algunos de ellos ocultos. Si el gestor compra y vende acciones en el fondo que usted posee, adivine quién paga todos los costos asociados con la compra y venta. ¡Tú lo haces!

También se habla mucho de que la mayoría de los fondos de inversión no ganan al mercado de manera consistente.

Índice/Fondos ETF: La diferencia entre los fondos mutuos y los fondos índice es que los fondos índice reflejan el rendimiento del índice que está siguiendo; también se pagan menos comisiones cuando se invierte en los fondos índice. Los más populares son el índice S&P 500, pero tienes índices y fondos ETF para todo tipo de mercados, como los mercados extranjeros, de pequeña y mediana capitalización, bonos, etc.

Uno de los mayores beneficios que la gente ve al invertir en índices sobre los fondos mutuos, es que las comisiones son extremadamente bajas (alrededor del 0,16% o menos) en comparación con los fondos mutuos, que pueden ser fácilmente del 1% o más. Son bajas porque el fondo no tiene que ser administrado activamente por un administrador de fondos y, dado que refleja un índice, se utiliza tecnología para rastrear el índice y hacer cambios automatizados.

Un fondo indexado es también una forma pasiva de invertir. El inversor no necesita saber todo sobre el mercado y cómo se está desempeñando cada empresa individual.

Los puntos de referencia se utilizan siempre para ver cómo se está comportando el mercado. Los banqueros de inversión y los gestores de fondos utilizan estos puntos de referencia para medir su propio rendimiento. Su trabajo es superar el punto de referencia. Algunos de los índices más comunes que se utilizan como puntos de referencia son el índice S&P 500, el índice Dow Jones y el Russell 2000.

El **S&P 500** rastrea el desempeño de las 500 compañías más grandes, basado en la capitalización del mercado, en los Estados Unidos. Este índice nos da un rápido vistazo a cómo se está desempeñando el mercado de valores de EE.UU. Algunas empresas muy conocidas que el S&P 500 sigue son: McDonalds, Apple, Estee Lauder, American Express y Cisco.

El índice **Dow Jones**, o el DOW, consiste en un índice enfocado de 30 compañías estadounidenses de gran capitalización. Todas estas compañías también pagan dividendos. Nike, Wal-

Mart, IBM y el Home Depot son algunas de las empresas del DOW.

El **Russell 2000** sigue el rendimiento de las acciones de pequeña capitalización, 2000 para ser exactos. Muchos inversores consideran que las acciones de pequeña capitalización son muy arriesgadas, pero también muy gratificantes.

Un gestor de fondos tomaría un punto de referencia específico, siempre comparando manzanas con manzanas, y trataría de superarlo invirtiendo en renta variable/renta fija y otros activos que cree que tendrán un mejor rendimiento que el mercado.

Figura 2.2 Punto de referencia del S&P 500 (^GSPC).
Fuente: Google Finance

Capítulo tres: El cielo de las cuentas de jubilación

Necesitarás tener una cuenta de inversión para poder acceder a clases de activos específicos. Las cuentas de inversión más populares y conocidas son: 401k, IRA, Roth IRA, Keogh y la cuenta de corretaje tradicional.

El **401k** es la cuenta de inversión/jubilación en la que puedes inscribirte en tu trabajo (si tu trabajo te lo ofrece). Si trabajas a tiempo completo o incluso a tiempo parcial, deberías haber oído hablar del 401k. Esta cuenta viene con un par de beneficios. Tu empleador generalmente iguala hasta un cierto porcentaje que aportes ahí.

Por ejemplo, puedes tener 1 a 1 por cada dólar hasta un 6% de coincidencia. Esto significa que tu empleador igualará cada dólar que pongas en tu 401k hasta el 6% de tus ingresos. Si ganas 50.000 dólares y decides poner el 10% de sus ingresos en tu 401k, estás invirtiendo 5.000 dólares (10% de 50.000 dólares). Pero como tu empleador te igualó hasta el 6%, obtienes 3.000 dólares adicionales de tu empleador (6% de 50k).

Un segundo beneficio del 401k es que siempre puedes hacer al personal de RRHH las preguntas que tengas sobre tu 401k, así que no lo harás todo tú solo. No te darán consejos de inversión, pero podrán ayudarte a explicar las políticas del 401k de la compañía.

Las opciones de inversión que tiene disponibles en su 401k podrían ser limitadas. Normalmente, hay un par de fondos mutuos, fondos de fecha objetivo y también he visto algunos fondos índice. Algunas compañías también permiten a sus empleados comprar las acciones de la compañía.

Si tu trabajo no ofrece un 401k, puedes abrir una **IRA tradicional** (cuenta de jubilación individual) o una **Roth IRA**. Hay un límite en cuanto a la cantidad que puede depositar anualmente en una cuenta de este tipo y este límite es considerablemente inferior al de un 401k, pero tendrás acceso a más acciones y activos de renta fija en comparación con un 401k. También podrás comprar acciones en empresas individuales.

La mayor diferencia entre una IRA tradicional y una Roth IRA es que con la

IRA cualquier contribución que hagas es deducible de impuestos, pero pagarás impuestos sobre sus retiros en la jubilación (gravados con una tasa de impuesto sobre la renta ordinaria). El IRA Roth, por otro lado, se financia con dólares post impuestos, pero lo bueno aquí es que tu dinero crece libre de impuestos y los retiros en la jubilación también están libres de impuestos, a menos que el gobierno decida cambiar de opinión.

Hay penalidades asociadas con cada cuenta de retiro si no se tiene cuidado. Se te cobrarán comisiones si retiras dinero de tu cuenta antes de la edad de jubilación, que actualmente está fijada en 59,5 años. Sin embargo, hay excepciones, como la compra de tu primera casa, el pago de los gastos médicos y con el Roth IRA se te permite retirar el dinero que pones en cualquier momento si la cuenta ha existido por lo menos 5 años.

Algunas personas no quieren esperar a la jubilación para tener acceso a su dinero. Optan por una cuenta de corretaje **tradicional**, en su lugar. Con esta cuenta se pueden comprar y vender inversiones en cualquier momento sin tener que preocuparse por las tasas de penalización. Sin embargo, tendrás que pagar impuestos sobre tus ganancias de capital y dividendos. La cantidad que pagues dependerá del tiempo que hayas mantenido una inversión y del nivel impositivo en el que te encuentres. Si has mantenido tu inversión por menos de un año y terminas vendiéndola, pagarás una tasa de impuesto sobre ganancias de capital más alta en comparación con si has tenido tu inversión por más de un año.

Los ciudadanos autónomos no tienen acceso a un 401k, pero pueden crear una cuenta de inversión llamada plan Keogh, que es similar al 401k.

Además la última es la cuenta myRA, este es un tipo de cuenta de ahorros respaldada por el gobierno. Puedes abrir una cuenta gratis y empezar a añadir lo poco o lo mucho que puedas pagar.

Capítulo cuatro: Analicemos las inversiones

Si estás tratando de averiguar en qué fondos invertir, un buen lugar para empezar es ver qué diferentes fondos ofrece su 401k. A continuación, hay una lista de una muestra de los fondos que puede ver en su 401k para elegir.

Cuadro 4.1 Inversiones 401K

Investments	Class	Ticker
Vanguard 500 Index Admiral	U.S. Stock	VFIAX
American Funds EuroPacific Gr R6	International Stock	RERGX
American Funds Fundamental Investors R6	U.S. Stock	RFNGX
American Funds Growth Fund Of Amer R6	U.S. Stock	RGAGX
D F A US Large Cap Value I	U.S. Stock	DFLVX
Eaton Vance Parametric Tx-Mgd Em Mkts I	International Stock	EITEX
First Eagle Gold I	Sector Stock	FEGIX
Janus Enterprise T	U.S. Stock	AENX
Oppenheimer Developing Markets I	International Stock	ODVIX
PIMCO Real Return Instl	Bond	PRRIX
Vanguard Small Cap Index ADM	U.S. Stock	VSMAX
Vanguard Target Retirement 2015 Inv	Target Date	VTXVX
Vanguard Target Retirement 2025 Inv	Target Date	VTTVX
Vanguard Target Retirement 2035 Inv	Target Date	VTTHX
Vanguard Target Retirement 2045 Inv	Target Date	VTIVX
Vanguard Target Retirement 2055 Inv	Target Date	VFFVX
Wells Fargo Galliard Stable Value M	Money Market / Stable Value	MF3715

Analizaremos los dos fondos en gris. El popular Vanguard 500 Index Admiral (**VFIAX**) y el American Funds Growth Fund Of Amer R6 (**RGAGX**).

El Vanguard 500 Index Admiral, que es un fondo índice que refleja el S&P 500 invirtiendo en las mismas compañías que el S&P 500, es el favorito de los fans de los inversores pasivos.

El American Funds Growth Fund Of Amer R6 es un fondo de inversión que centra la mayor parte de su capital en acciones, tanto nacionales como internacionales. Este fondo depende de las acciones para su crecimiento.

Para analizar estos dos fondos, prestaremos atención a los honorarios y gastos del fondo, la tasa de rotación, el rendimiento, los años de gestión del fondo por parte de los gestores, las empresas en las que se ha invertido, la categoría del fondo y otras cosas destacables que puedan aparecer durante nuestro análisis. Para hacer nuestra investigación utilizaremos principalmente un par de sitios: Msn Money, Yahoo Finance y MorningStar, siendo el último el más importante.

Así que vamos a **Morningstar.com** y escribamos el símbolo "VFIAX" en la barra de búsqueda de citas. El teletipo es el identificador único del fondo en el mercado de valores.

Una vez que lo hagas, verás la
siguiente información en el lado
derecho:

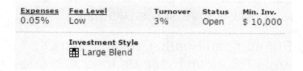

Expenses	Fee Level	Turnover	Status	Min. Inv.
0.05%	Low	3%	Open	$ 10,000
	Investment Style			
	▦ Large Blend			

Figura 4.1 Atributos de la inversión de VFIAX. Fuente
Morningstar.com

Al 0,05%, los gastos son
extremadamente **bajos** para este fondo
índice. Ten en cuenta que los gastos
provienen de tu inversión y esto es lo
que pagas. Sin embargo, esta no es la
única cuota que pagas. Si tienes una
cartera de 100.000 dólares, un índice de
gastos del 0,05% saldrá a 50 dólares. Si
tu inversión aumenta o incluso
disminuye, aún tendrás que pagar el
0.05% de gastos. **Siempre trata** de
mantener tus gastos bajos, porque ese
es dinero que podría haber sido
utilizado para invertir y aumentar tu
riqueza.

El volumen de negocios representa la
cantidad de compra y venta de
acciones, renta fija u otros activos.
Cuanto más alto es este número, más

frecuentemente se compran y se venden. Los honorarios, como los honorarios de transacción, están asociados con el volumen de negocios y adivina quién paga por ello....TU!

La tasa de rotación del 3% de la VFIAX es muy baja en comparación con otros fondos.

La cantidad mínima para empezar a invertir en este fondo índice es de 10.000 dólares, pero si tienes este fondo en tu 401k, este mínimo no se aplica. Sin embargo, si quieres invertir en este fondo índice en su IRA tradicional o Roth IRA y no tienes 10.000 dólares de capital, puedes empezar con el fondo **VFINX**. Puedes comenzar a invertir en este fondo con sólo $3000, pero la relación de gastos es un poco más alta, de 0,16%.

El estilo de inversión de este fondo se centra en acciones de gran capitalización con una mezcla de acciones de crecimiento y acciones de valor. Esto significa que el enfoque está puesto en las grandes empresas multinacionales que tienen un valor de más de 10.000 millones de dólares. Estas compañías pueden experimentar un crecimiento masivo, como Facebook y Tesla, o pueden enfocarse en compañías de valor más establecidas que pagan dividendos. Las compañías de valor en esta categoría incluyen a Johnson & Johnson y Proctor & Gamble.

Asset Allocation VFIAX

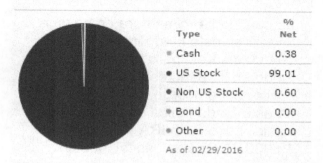

Type	% Net
Cash	0.38
US Stock	99.01
Non US Stock	0.60
Bond	0.00
Other	0.00

As of 02/29/2016

Figura 4.2 Descripción de la clase de activos de VFIAX. Fuente: Morningstar.com

En el capítulo 2 discutimos las 4 clases de activos: acciones, renta fija, efectivo y otros. Este fondo indexado está fuertemente invertido en acciones, tanto en acciones estadounidenses como no estadounidenses, y menos del 1% invertido en efectivo, mientras que las acciones estadounidenses constituyen el 99% de esta inversión.

Cuadro 4.2 Las 25 principales empresas de VFIAX

Top 25 Holdings	% Portfolio
Apple Inc	3.17
Microsoft Corp	2.39
Exxon Mobil Corporation	1.96
Johnson & Johnson	1.71
General Electric Co	1.62
Facebook Inc A	1.43
Berkshire Hathaway Inc	1.38
AT&T Inc	1.34
Procter & Gamble Co	1.28
Wells Fargo & Co	1.28
Amazon.com Inc	1.25
Alphabet Inc A	1.23
Alphabet Inc C	1.22

JPMorgan Chase & Co	1.22
Verizon Communications Inc	1.21
Pfizer Inc	1.08
Coca-Cola Co	0.99
Home Depot Inc	0.92
Chevron Corp	0.92
Walt Disney Co	0.85
PepsiCo Inc	0.84
Philip Morris International Inc	0.83
Comcast Corp Class A	0.83
Visa Inc Class A	0.83
Merck & Co Inc	0.82

Siempre es importante saber en qué empresas se invierte. Morningstar nos muestra las 25 mejores. También ves el peso de la cartera por compañía, que te dice qué porcentaje del capital está invertido en la compañía, con el 100%, por supuesto, siendo el total.

Por ejemplo, si tuvieras 10.000 dólares invertidos en VFIAX, el 3,17% o 317 dólares se invertirían en Apple, el 2,39% o 239 dólares de tus 10.000 dólares se invertirían en Microsoft, etc. Ahora bien, si Apple baja de valor sólo ese 3,17% del peso de la cartera de Apple se verá afectado.

Manager(s) VFIAX

Michael H. Buek 12/31/1991 —	Michael H. Buek, CFA, Principal of Vanguard. He has been with Vanguard since 1987;has managed investment portfolios since1991.Education:B.S.,University of Vermont;MBA, Villanova University.
	Certification CFA
	Education M.B.A. Villanova University, B.S. University of Vermont,
	Other Assets Managed ▶
George U. Sauter 10/05/1987 — 04/29/2005	Sauter is chief investment officer and managing director of Vanguard, responsible for the oversight of Vanguard's Quantitative Equity and Fixed Income Groups. Since joining Vanguard in 1987, he has been a key contributor to the development of Vanguard's stock indexing and active quantitative equity investment strategies.
	Education M.B.A. University of Chicago, 1980 B.A. Dartmouth College, 1976
	Other Assets Managed ▶

Figura 4.3 Administradores de fondos de VFIAX.
Fuente: Morningstar.com

En la pestaña de gestión se puede obtener información sobre los gestores de fondos que actualmente gestionan este fondo índice en particular. Es importante mirar esta información, porque estas son las personas que administran tu dinero. Lo que busco es experiencia, me gusta ver a los gestores de fondos que han estado gestionando el mismo fondo durante al menos cinco o diez años.

Ahora en este caso nos muestra que el Sr. Buek ha estado manejando carteras de inversión desde 1991. El VFIAX, sin embargo, fue creado en 2000, pero el Sr. Buek ya tenía más de 8 años de experiencia en la gestión de carteras antes de gestionar esta inversión, por lo que esta inversión tiene dos pulgares hacia arriba.

Lo último que compruebo es el rendimiento de 5 a 10 años del fondo. Hago esto en Yahoo Finanzas, pero también puedes hacer este paso en Morningstar.

En Yahoo Finanzas necesitas introducir el teletipo en la barra de búsqueda, el siguiente paso es hacer clic en el gráfico interactivo del menú de la izquierda. En el gráfico añado el punto de referencia, que en este caso es el S&P 500. Recuerda siempre comparar manzanas con manzanas. Ya que VFIAX está rastreando el S&P 500, este es el único punto de referencia que debes utilizar.

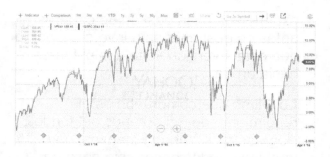

Figura 4.4 Rendimiento del VFIAX comparado con el
punto de referencia. Fuente: Yahoo Finanzas

En la imagen elegí un rango de fechas
de 2 años para mostrarte lo cerca que
está el fondo de seguimiento del S&P
500. La línea azul es VFIAX y la línea
roja el índice de referencia (S&P 500).
Es bastante preciso.

Ahora analicemos nuestro segundo
fondo Fondo de Crecimiento de los
Fondos Americanos de Amer R6,
escribiendo el símbolo del teletipo
RGAGX.

Expenses	Fee Level	Turnover	Status	Min. Inv.
0.33%	Low	29%	Open	$ 250

	Investment Style
	⊞ Large Growth

Figura 4.5 Atributos de la inversión de RGAGX.
Fuente: Morningstar.com

Lo primero que se nota inmediatamente es que el índice de gastos es mucho más alto, un 0,33%, comparado con el fondo anterior que analizamos. La tasa de rotación también es mucho más alta, con un 29%. Lo único que es más bajo es el mínimo necesario para invertir en el fondo, que es de 250 dólares. Este es un fondo que se enfoca en compañías de gran capitalización que están orientadas al crecimiento.

Asset Allocation RGAGX

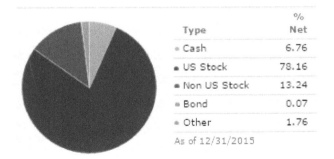

Type	% Net
Cash	6.76
US Stock	78.16
Non US Stock	13.24
Bond	0.07
Other	1.76

As of 12/31/2015

Figura 4.6 Descripción de la clase de activos RGAGX. Fuente: Morningstar.com

La asignación de activos es un poco diferente, pero sigue centrada en las acciones, tanto de EE.UU. como de fuera de EE.UU., que representan más del 90% y los activos en efectivo están en el 6,67%. Los administradores de fondos tienen diferentes filosofías sobre el efectivo. A algunos les gusta tener menos efectivo a mano y prefieren invertir en el mercado. A otros les gusta tener efectivo a mano en caso de que se presente la oportunidad adecuada para hacer más ricos a sus accionistas.

Cuadro 4.3 Las 25 principales empresas de RGAGX

Top 25 Holdings	% Portfolio		
Amazon.com Inc	6.66	Visa Inc Class A	1.36
Alphabet Inc	2.32	Philip Morris International Inc	1.35
Home Depot Inc	2.26	Costco Wholesale Corp	1.31
Avago Technologies Ltd	2.19	Union Pacific Corp	1.16
UnitedHealth Group Inc	1.84	EOG Resources Inc	1.14
Amgen Inc	1.8	Netflix Inc	1.12
Microsoft Corp	1.8	American International Group Inc	1.1
Gilead Sciences Inc	1.67	The Kroger Co	1.09
Alphabet Inc Class A	1.66	Twenty-First Century Fox Inc	0.95
Alexion Pharmaceuticals Inc	1.47	Illumina Inc	0.94
Comcast Corp Class A	1.45	Regeneron Pharmaceuticals Inc	0.93
Express Scripts Holding Co	1.41	Alibaba Group Holding Ltd	0.91
Oracle Corp	1.36		

Las 25 principales empresas están muy centradas en la tecnología de la información. Muchas de estas empresas no pagan un dividendo, sino que toman sus ganancias y las invierten de nuevo en la empresa.

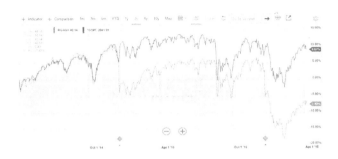

Figura 4.7 Rendimiento del RGAGX comparado con
el punto de referencia. Fuente: Yahoo Finanzas

Si miras quién está asignado como
administrador de este fondo verás una
lista de diferentes nombres. Esto es
interesante, porque puede ver cómo
este fondo de inversión (línea azul) se
ha desempeñado con respecto al índice
de referencia (línea roja), esto le da un
indicador de cómo los administradores
del fondo están administrando bien la
inversión de sus accionistas. Este fondo
ha tenido un rendimiento inferior al del
mercado durante un par de meses.
Saqué un gráfico de dos años para
destacar la diferencia de rendimiento,
pero también puedes mirar el
rendimiento de 5 o 10 años y verás que
este fondo es uno del que quieres
alejarte en base al rendimiento pasado.

Ten en cuenta que este fondo no sólo tiene un rendimiento inferior al del mercado, sino que también paga una tarifa más elevada y tiene que hacer frente a una tasa de rotación más alta.

Capítulo cinco: Invertir a largo plazo

La cantidad de riesgo que estás dispuesto a tomar y el número de años que te quedan para invertir determinará tu estrategia de inversión. Por lo general, la gente más joven es más arriesgada, porque pueden permitirse el lujo de serlo. Si pierden dinero, siempre pueden recuperarse porque tienen el tiempo de su lado. La gente que está más cerca de la jubilación quiere centrarse en inversiones menos arriesgadas que mantengan su dinero seguro y de las que puedan retirarse, como acciones, bonos y rentas vitalicias que pagan dividendos.

Por lo tanto, si estás al principio de tu vida profesional y tienes acceso a un 401k, deberías comprobar la fecha límite de los fondos de jubilación disponibles para ti. Si no están disponibles, mira si hay alguna opción de fondos indexados. También puedes revisar los fondos de inversión, pero asegúrate de analizar su rendimiento. Con un 401k siempre estás limitado a menos opciones.

Si no tienes acceso a un 401k en el trabajo, puedes abrir una cuenta IRA o

Roth IRA. Puede hacerlo en el banco o en una empresa de corretaje, tanto en línea como fuera de línea.

Empresas de corretaje en línea donde puedes abrir tu cuenta de retiro:

- Ally
- Fidelidad
- TD Ameritrade
- Comercio electrónico

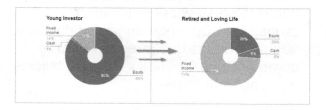

Figura 5.1 Reequilibrio de las inversiones

Como inversor que acaba de empezar, me centraría mucho en las acciones (títulos) que tienen el potencial de hacer crecer mi riqueza rápidamente. Sería tan agresivo como poner hasta el 90% en acciones. Esto sería en mis veinte y treinta años.

Incluso en mis cuarenta años todavía estaría muy concentrado en el crecimiento de mis inversiones. Una vez que empezara a tener 50 años o más, empezaría a reequilibrar mi cartera para centrarme más en los activos de renta fija.

Ahora, como dije antes, un fondo de jubilación con fecha límite se encargaría del reequilibrio a lo largo de los años y sólo tendría que vigilarlo de vez en cuando, pero me gusta invertir en fondos indexados, lo que mantendrá mi coste global más bajo.

La diversificación de mi cartera entre acciones y bonos es un buen comienzo, pero ¿qué pasa con la diversificación de mi parte de la cartera con acciones internacionales? Eso no es necesario; porque muchas de las empresas estadounidenses generan una porción significativa de sus ingresos y ganancias en países extranjeros. Por lo tanto, invertir en un índice S&P 500 ya me daría esa diversificación global que estoy buscando.

Ahora, si todavía quiero invertir en empresas fuera de los EE.UU., me aseguraré de que sea una pequeña parte de mi cartera. No subiría más del 15-20% e incluso menos en mi etapa de retiro. El único fondo que consideraría sería el Vanguard Total International

Stock Index Fund Investor Shares
(**VGTSX**).

Para los fondos de acciones nacionales
me quedaría con el Vanguard 500 Index
Fund Admiral Shares (**VFIAX**), el
Vanguard High Dividend Yield ETF
(**VYM**), o el Schwab US Dividend Equity
ETF **(SCHD)**.

Para la estabilidad invertiría en el
Vanguard Total Bond Market Index
(**VBMFX**) o en el Fidelity Total Bond
(**FTBFX**), que son fondos de bonos que
invierten principalmente en notas del
Tesoro de los Estados Unidos. Si quiero
ser un poco más arriesgado podría ir
con el Vanguard Shrt-Term Inf-Prot Sec
(**VTIPX**) o el Fidelity High Income
(**SPHIX**)

Capítulo seis: ¡Cuidado! Cosas que no hay que hacer

Es común cometer errores, especialmente cuando se empieza a invertir. Asegúrate de evitar que cometas cualquiera de estos errores.

No estés a oscuras sobre lo que estás invirtiendo...

Siempre trata de averiguar en qué estás invirtiendo. En nuestro ejemplo, miramos las 25 principales empresas de los fondos. Mucha gente ha sido estafada por lo que creían que eran compañías o personas de buena reputación. Ten cuidado con las inversiones que suenan demasiado buenas para ser verdad, especialmente si oyes hablar de un "hot stock" que le hará ganar mucho dinero rápidamente.

No descuides tus honorarios

Siempre haz tu debida diligencia para averiguar qué honorarios y gastos estás pagando. Algunos honorarios están ocultos, pero al menos deberías saber tu ratio de gastos si compras fondos de inversión.

No te dejes intimidar por la jerga

Tener acceso a Internet y a la biblioteca facilita descubrir parte de la jerga utilizada en la comunidad inversora. Sitios como Investopedia e incluso Youtube pueden ser usados para dar sentido a la jerga de los inversionistas.

No dejes de contribuir

Aporta siempre lo que puedas a tu cuenta de retiro. Sería aún mejor si establecieras una transferencia automática de fondos a tu cuenta de retiro, lo que te permitiría no tener que pensar en contribuir a tu futuro.

No lo pospongas.

Nunca podrás adivinar cuál será el mejor momento para empezar a invertir para tu futuro, así que empieza ahora. Si eres joven, no te preocupes demasiado por lo que el mercado hace a diario, porque tienes el don del tiempo de tu lado.

No creas que no tienes suficiente para empezar

Puedes empezar con el poco dinero que tienes en tu bolsillo. No necesitas mucho para empezar. Apartar sólo 10 dólares a la semana te dará 520 dólares al final del año para empezar.

No lo hagas solo.

Invertir puede parecer aterrador y complicado, por eso es bueno educarse e incluso pedir ayuda si la necesitas. Si te sientes completamente perdido sobre tu 401k, pide ayuda a Recursos Humanos. También puede contactar con un asesor financiero.

No te asustes.

Hagas lo que hagas, no entres en pánico. Ya sea que estés empezando y tratando de calcular cuánto dinero necesitas dejar de lado, que estés envejeciendo y te hayas dado cuenta de que no tendrás suficiente dinero ahorrado para tu jubilación, o que acabas de perder una buena parte de tu cartera en un desplome del mercado, siempre mantén la cabeza nivelada. Las posibilidades de que cometas peores errores aumentan si no piensas con la cabeza fría.

Capítulo siete: Conclusión

Asumir la responsabilidad de tu retiro es un gran paso en la dirección correcta que no tiene por qué ser confuso o aterrador. Las reglas de oro son empezar lo más joven posible, seguir contribuyendo a sus cuentas de jubilación, vigilar sus honorarios y reequilibrar su cartera cuando sea necesario.

A lo largo del camino habrá altibajos, debes esperarlos y no te asustes de ellos. Sólo recuerda mantenerte concentrado en tu viaje hacia el retiro.

Gracias.

Me gustaría agradecerle de todo corazón por acompañarme en este viaje de inversión. Hay muchos libros de inversiones por ahí, pero decidiste darle una oportunidad a este.

Si te gustó este libro, ¡entonces necesito tu ayuda!

Por favor, tómate un momento para dejar una crítica honesta de este libro. Esta reseña me da una buena comprensión de los tipos de libros y temas que los lectores quieren leer y

también le dará a mi libro más
visibilidad.

Dejar una revisión toma menos de un
minuto y es muy apreciado. **Por favor,
deja una reseña ahora**.